AF403885

NOTICE BIOGRAPHIQUE

SUR

MONSIEUR LE BARON

LOUVOT,

MEMBRE DU CONSEIL DES CINQ-CENTS,

DÉPUTÉ DU DOUBS, PREMIER PRÉSIDENT DE LA COUR

IMPÉRIALE ET ROYALE DE BESANÇON,

Chevalier de la Légion-d'Honneur.

— * —

EXTRAIT

DE LA

REVUE GÉNÉRALE BIOGRAPHIQUE ET NÉCROLOGIQUE.

Rédacteur en chef:

M. E. PASCALLET.

— * —

Paris.

AU BUREAU CENTRAL DE LA REVUE GÉNÉRALE

BIOGRAPHIQUE ET NÉCROLOGIQUE,

Rue Greffulhe, 8.

1848.

MONSIEUR LE BARON

TOVOLI

Egards et Justice pour tous.

Imprimerie de Moncheny et Comp., à Vaugirard.

M. LE BARON **LOUVOT**,

Membre du conseil des Cinq-Cents, Député du Doubs, premier Président de la cour impériale et royale de Besançon, Chevalier de la Légion-d'Honneur.

M. Louvot (Claude-Joseph), naquit à Besançon le 7 août 1750, d'une famille ancienne, honorable et originaire de l'ancienne province de Franche-Comté; destiné au barreau, après avoir reçu une éducation solide et brillante, il étudia le droit, et se fit recevoir avocat vers 1775. A l'éloquence judiciaire, savante et sévère, sans pédantisme comme sans sécheresse, brillante sans déclamation, courageuse sans témérité, telle, en un mot, que l'avaient faite les Cochin et les d'Aguesseau, avait succédé une parole plus impétueuse, plus passionnée et plus dogmatique. Etait-ce un instinct secret de l'avenir? Les hommes semblaient se préparer et se monter aux événements futurs. Dans la voix de l'avocat grondaient déjà sourdement les passions de l'orateur politique; les déductions rigoureuses du jurisconsulte étaient remplacées par les aperçus nouveaux de législation. Ainsi, la parole s'exerçait à remuer, à soulever pour détruire, tandis que la pensée s'apprêtait à créer un droit nouveau pour une société renouvelée.

4

M. Louvot fut de cette dernière école. A une
époque où les sciences philosophiques et histori-
ques étaient encore confuses et incomplètes, il eut
la patience de fouiller les sources, de remonter
aux origines, d'étudier la législation dans ses ra-
cines, dans ses analogies avec l'histoire et la phi-
losophie. Les dogmes des lois, l'expression de
leur théorie, rien ne lui était étranger. Autre
chose est de posséder à fond et de longue main
tous les principes de la jurisprudence sur toutes
les matières, ou de s'en instruire accidentelle-
ment au fur et à mesure du besoin, à l'occasion de
chaque affaire qui surgit : les expériences, les re-
cherches laborieuses, quand elles n'ont pas été
faites à l'âge où la mémoire a toute sa force d'ac-
tion, sont rarement profitables à un degré supé-
rieur.

M. Louvot, par son vaste savoir, par sa probité
scrupuleuse, par son attention approfondie dans
l'examen des causes dont il s'était chargé, s'était
depuis long-temps concilié la faveur publique, et
chaque jour, il voyait son crédit augmenter ainsi
que sa clientèle. C'est dans cette position d'indépendance, d'honneur et de dévouement que le
trouva la révolution de 1789, coup de foudre qui
retentit dans l'univers entier ; elle compta M. Louvot au nombre des partisans des réformes qu'elle
promettait ; et dès la création des nouvelles juri-
dictions, en 1790, il fut promu aux fonctions de
juge, où il réalisa toutes les espérances qu'il avait

fait concevoir par sa prudence, sa modération et son zèle pour la justice.

M. le baron Louvot fut appelé le 19 novembre 1791 aux fonctions de maire de Besançon, fonctions où il trouva souvent l'occasion de faire remarquer la fermeté de son caractère, et qu'il conserva jusqu'au 19 juin 1792.

Ses éminentes qualités lui obtinrent une place de plus en plus élevée dans l'estime publique, et il en reçut un témoignage éclatant au mois de septembre 1795 (an III), époque à laquelle le pouvoir social s'étant relevé sous les auspices d'une constitution nouvelle, et faisant présumer le raffermissement progressif de l'ordre, de la tranquillité et l'exécution des lois, il fut nommé député au conseil des cinq-cents par le collége électoral du Doubs. — M. Louvot, dès son début dans cette assemblée, s'y acquit la haute et affectueuse amitié de ses collègues par son assiduité aux séances et l'examen consciencieux des divers projets de loi sur lesquels il était appelé à voter. — Apportant aux délibérations publiques le tribut de son expérience et de ses études.

En l'an V (1796), il s'éleva avec force, au sein de cette assemblée, contre la loi relative aux garnisaires à placer chez les contribuables en retard d'acquitter leurs impositions. « Sous les rois, dit» il, la perception de l'impôt était portée au plus » haut point de perfection, et jamais on n'envoya

» de garnisaires qu'aux communes en corps et non
» aux particuliers. »

M. Louvot fit ensuite adopter un projet relatif
aux créances de la nation, sur les biens des émi-
grés possédés par indivis; en l'an VI, il fut l'objet
d'une dénonciation de la part de quelques citoyens
malveillants de Besançon, dénonciation dont le
bon sens et le mépris publics firent justice.

En l'an VII, il monta à la tribune pour s'oppo-
ser au renvoi à une commission de la dénonciation des élections du tribunal de Doubs, et fut
dénoncé deux fois comme frère d'émigré. Enfin,
M. Louvot fit partie de la commission chargée de
la liquidation des créances sur les biens des émi-
grés. Au mois de mai 1799 (an VIII) M. Louvot
sortit du conseil.

Après la révolution du 18 brumaire, le premier
consul, qui cherchait à s'entourer partout d'élé-
ments d'ordre et de consolidation, et savait si bien
discerner le mérite, nomma M. Louvot second
juge au tribunal d'appel de Besançon. A la réor-
ganisation des tribunaux, sous le gouvernement
impérial, il devint président de ce tribunal, depuis
Cour d'appel, et conserva ces fonctions jusqu'à la
fin de mars 1816; il s'y montra doué de l'heu-
reuse faculté de s'élever de la pratique au point de
vue législatif, qui lui était devenu familier, ayant
pris une part importante à la confection d'une por-
tion des lois qu'il avait mission d'appliquer.

Dans l'exercice de ces hautes fonctions, M. le

baron Louvot (1) déploya toutes les qualités, toutes les vertus par lesquelles doit se recommander un juge inamovible, un chef de compagnie judiciaire. Attentif à faire régner l'ordre et la discipline parmi tous les membres de la Cour, il imprimait aux affaires un grand mouvement d'activité, convaincu qu'il était, qu'il faut rendre aux justiciables bonne et prompte justice. Jurisconsulte consommé, c'était en chambre du conseil, dans l'intimité des délibérations qu'il révélait tout ce qu'il avait de doctrine dans l'esprit, de droiture dans le cœur, de franchise dans l'âme ; c'est là qu'il signalait tour-à-tour sa justesse de coup-d'œil, sa rectitude de raisonnement, sa sagacité dans l'analyse des moyens, sa logique dans la rédaction des arrêts. Nous ne parlons pas de son impartialité : un magistrat partial ne serait pas digne de ce nom, et M. le baron Louvot le savait mieux que qui ce soit.

Député à la Chambre des représentants (1815) par l'arrondissement électoral de Besançon, il prit une part active aux travaux de cette assemblée. Élu membre de la commission chargée de faire un rapport sur le message du gouvernement, relatif au départ de Napoléon, il se prononça avec force en faveur de toutes les propositions ayant pour but de maintenir l'indépendance nationale

(1) Il fut créé baron de l'empire en 1812 ; il était chevalier de la Légion-d'Honneur depuis le 18 thermidor an XII.

et la liberté de nos institutions. L'accomplissement rigoureux des devoirs qu'il s'était imposé, en acceptant la députation, lui valut sans doute d'être momentanément rendu à la vie privée, peu de mois après.

M. le baron Louvot ne fut pas compris dans le remaniement qui se fit en 1818 dans la magistrature, et dut cesser ces fonctions.

Accusé en août 1816, dans un écrit rendu public, d'avoir sollicité des signatures en faveur de l'acte additionnel aux constitutions de l'empire, il attaqua en calomnie l'auteur de la brochure, et le fit condamner à l'amende et aux frais.

En 1818, M. le baron Louvot fut nommé premier président de la cour royale de Riom. La lettre du ministre, par laquelle il lui en donne avis est conçue dans les termes les plus flatteurs. Il n'accepta cette nouvelle position qu'à la condition d'être appelé au premier siége vacant de la cour de cassation. La promesse lui en fut faite et exécutée peu de temps après. Les magistrats de la cour de Riom le virent naturellement arriver avec appréhension, étranger qu'il était au pays, mais elle ne fut pas de longue durée quand on reconnut dans le baron Louvot l'homme de mérite, bienveillant et désintéressé, et il emporta les regrets de tous lorsqu'il quitta Riom pour recevoir une nouvelle marque de distinction.

En 1819, il fut nommé conseiller à la Cour suprême; il en occupa le fauteuil jusqu'à sa mort, et dans ce dernier poste, il se fit encore remarquer et prit rang parmi les jurisconsultes les plus distingués.

M. le baron Louvot est mort vers la fin de la restauration, en août 1824, laissant une mémoire chère à tous ceux qui l'avaient connu, et un nom justement honoré, et emportant les profonds et durables regrets de ses concitoyens dont il avait été constamment l'honneur, le modèle et l'appui.

H. DE LESTRÉES.

www.ingramcontent.com/pod-product-compliance
Ingram Content Group UK Ltd.
Pitfield, Milton Keynes, MK11 3LW, UK
UKHW020127100726
13658UKWH00005B/2412